À fleur de maux

Eva Lorenzon

À fleur de maux

© 2025, Eva Lorenzon
© Couverture réalisée sur Canva
Édition : BoD - Books on Demand, 31 avenue Saint-Rémy,
57600 Forbach, bod@bod.fr
Impression : Libri Plureos GmbH, Friedensallee 273,
22763 Hamburg (Allemagne)

ISBN : 978-2-3225-5477-5
Dépôt légal : Avril 2025

Tous droits de reproduction, d'adaptation et de traduction, intégrale ou partielle réservés pour tous pays.
L'auteur est seul propriétaire des droits et responsable du contenu de ce livre.

*à toutes les fleurs fanées
emportées par les vents du passé,
à celles qui ont trop aimé
qu'on a abandonnées, oubliées, brisées*

Sommaire

mirage sentimental

jardin maux-dits

floraison de l'âme

mirage sentimental

À fleur de maux

ce soir-là

je ne pouvais réaliser ce qu'il s'était passé

mon esprit m'empêchait

de faire face à la vérité

j'étais là

en sanglots

pourtant ça ne t'a pas fait changer

l'histoire se répétait encore et encore

et toi tu ne faisais toujours aucun effort

je te vois toujours occupé

toujours ici sans être là

tu n'imagines même pas la honte

que j'ai pu ressentir

quand je t'ai vu t'éloigner peu à peu

notre amour commençait à s'éteindre

à petit feu

mais avant ça

tu l'as laissé s'incendier

jusqu'à ce qu'il soit carbonisé

À fleur de maux

on s'est quitté un soir d'hiver

dès le lendemain

la rosée du matin

était là pour me rappeler

à quel point la nuit dernière

avait été froide

dans une autre réalité

je nous vois danser sous la neige

écrire nos initiales dans les arbres

se regarder comme la toute première fois

se serrer comme si c'était la dernière

rire à nos blagues les plus absurdes

réaliser tous les projets dont nous avions rêvé

respecter notre promesse

celle de s'aimer toute la vie

je nous vois refaire le monde

rien que tous les deux

comme si le reste n'existait plus

et peu importe

parce que tout ce qui comptait

c'était nous

À fleur de maux

on aurait pu tout avoir

mais tu as pris tout cela un peu trop à la légère

ton amusement a dépassé l'entendement

Eva Lorenzon

la douleur étouffée par de doux baisers
ceux qui me font oublier qu'il m'a blessée
qui viennent balayer la possibilité
de tout arrêter

mais au fond on le savait déjà
il y avait bien trop de dégâts
trop de fissures trop de regrets
pour recoller ce qui s'est brisé

alors on fait semblant
on se laisse porter par le vent
en espérant qu'il nous mène loin
sur le même chemin
encore un peu encore demain

À fleur de maux

j'ai tant rêvé de notre mariage

et tu t'en es servi contre moi

pour me garder près de toi

finalement tout ça n'était qu'un mirage

tu amasses les mensonges

alors je décide de jeter l'éponge

dans tous les cas

toi comme moi

savons que nous aurions fait naufrage

il est temps de tourner la page

une fusion entre amour et haine

un goût d'amertume

dans cette dualité entre passion et aversion

ma vision se brume

ne laissant que le sillage d'un voyage

qui perdure dans une fissure

sans mesure

À fleur de maux

avant on avait l'habitude

de se contempler sans se lasser

maintenant on se regarde mais sans s'enlacer

je n'avais droit qu'à deux saisons à tes côtés
soit l'hiver soit l'été
je glisse sur le verglas dissimulant
tes promesses brisées
j'ai les extrémités du corps
congelé par tes péchés
m'éloignant progressivement de notre foyer
la seule lumière qui pouvait m'éclairer
s'est éteinte à tout jamais

combien me manque l'été
où je te voyais sous tes airs enjoués
tu brûlais à l'idée de me retrouver
cela me rappelle douloureusement le passé
qui semble maintenant si éloigné
cet été est condamné à tout jamais

À fleur de maux

lorsque j'étais à tes côtés je me sentais de trop

et à la fois pas assez

je continue d'y croire remplie d'espoir

comment peux-tu encore

te regarder dans le miroir ?

après tout le mal que tu m'as fait

je t'aimais et tu en as profité

combien de fois m'as-tu répété

que je n'étais pas assez

pour que tu puisses t'en contenter ?

À fleur de maux

tu m'évoques tous ces souvenirs

ne vois-tu pas que j'essaie de partir ?

tes intentions ne sont pas les meilleures

lorsque ta volonté est d'aller voir ailleurs

tu me gardais sur le côté

en attendant de réellement trouver

ce que tu cherchais

je suis entrée dans l'appartement vide

mis à nu

dépourvu de ce qui l'animait autrefois

ma voix vagabonde résonnait

dans toute la pièce

on pouvait entendre l'écho du silence

je me suis allongée sur le sol

la joue contre le parquet froid

et j'ai pleuré toutes les larmes de mon corps

je me suis sentie abandonnée

comme jamais je ne l'avais été

tout mon être s'est brisé

et cet instant m'a semblé

durer une éternité

À fleur de maux

d'une pierre deux coups
j'ai perdu ma maison et mon foyer
me voici contrainte de chercher ailleurs
un abri où panser les cicatrices de mon cœur
un endroit qui me fera oublier le passé

j'ai perdu tous mes repères

je me sens désorientée

errant dans l'incertitude infinie

je ne parviens pas à me frayer un chemin

ma rose des vents a effacé

mes points cardinaux

quelle voie dois-je emprunter désormais ?

je suis comme une boussole déboussolée

À fleur de maux

jusqu'à ce jour je ne savais pas que le silence

pouvait résonner aussi fort

Eva Lorenzon

un visage semblable

une personne impardonnable

une voix réconfortante

des paroles affligeantes

une impression de déjà-vu

qui m'est inconnue

À fleur de maux

pourquoi

sommes-nous

tant attirés

par ce qui

nous fait

souffrir ?

c'était le kaamos
une nuit où le soleil et la lune divorcent
pourtant ça ressemblait plutôt au chaos
bien conscientes de ce qui se passe là-haut
les étoiles étaient témoins
de cette fin inéluctable
elles se sentaient même un peu coupables

le soleil en voulait à la lune
de dissimuler sa lumière
et de le plonger tous les jours
dans ces nuits polaires

il était condamné à ne plus briller
à étouffer ce potentiel démesuré
alors qu'il était voué
à un avenir illuminé

À fleur de maux

il n´y aura pas de suite

tout est fini

tu m'as détruite

    c'est comme si ce qui me blessait

    était là pour panser tes plaies

    tu trouvais soulagement

    dans mes plus grands tourments

tu l'as cueillie

tu l'as arrosée

tu l'as laissée rayonner

puis tu l'as regardée faner

À fleur de maux

je ne voulais pas te changer

je voulais t'aider

cependant j'ai compris

que je ne pouvais pas soutenir

une personne qui se laissait mourir

Eva Lorenzon

tu as goûté à mon nectar

    tu l'as tellement apprécié

        que tu as fini par le consumer

À fleur de maux

lorsque je te vois c'est dans toute ma poitrine
que le rythme se synchronise
pourtant tout semble désaccordé

tu aimes jouer sur la corde sensible
mais ta mélodie résonne
comme une fausse note
celle d'un amour disparu

Eva Lorenzon

c'est tellement difficile de devoir renoncer

à une personne

qui n'a jamais réellement existé

à une vie imaginée

qui n'arrivera jamais

À fleur de maux

des secrets bien gardés

à l'encontre de la réalité

que je m'étais créée

j'essaie toujours de trouver

des réponses à ce qu'il s'est passé

mon esprit me torture

à coups de *comment* et de *pourquoi*

j'ai l'impression de ne pas pouvoir avancer

j'essaie je fais de mon mieux

je sais que je dois lâcher prise

arrêter de poser des questions

là où il n'y a pas de réponse

mais c'est bien plus facile à dire qu'à faire

lorsque l'on est toujours attaché

à une image erronée

À fleur de maux

des inconnus

qui ne sont pas étrangers

ils se connaissent depuis toujours

mais agissent comme s'ils ne s'étaient jamais

rencontrés

Eva Lorenzon

tu me faisais sans cesse

des promesses

que tu brisais

tu ne pouvais pas

t'en empêcher

pourtant tu me disais

que tu allais changer

mais ce n'était

qu'un mensonge à ajouter

à tout ce que tu me racontais

tu brisais tellement de promesses que tu aurais

pu en faire une promesse

À fleur de maux

dans ton monde envahi par le spleen

j'étais ton idéal

il joue avec les mots et les transforme en maux

c'est donc ça

le pouvoir des mots

À fleur de maux

c'est difficile de se dire

qu'il faut tout recommencer

lorsqu'il n'y a plus d'encre

pour écrire une nouvelle page à deux

quand l'imagination

s'est fanée

et que la volonté d'aimer

s'est dissipée

y a-t-il une durée à respecter

pour oublier un être aimé ?

car avant même de se séparer

j'avais déjà été remplacée

À fleur de maux

je voulais que tu sois mon amarante
cette fleur à la signification résonnante
réputée pour défier la mortalité
fleurir pour l'éternité

comme une relation qui durerait toute une vie
qui se poursuivrait même au paradis
un amour radieux
qui aurait reçu la bénédiction des cieux

un monde qui restera à l'état d'imaginaire
car simplement sur terre
tu m'as fait vivre un enfer

comment notre amour aurait-il pu être
éternel ?

déjà quelques mois se sont écoulés

pourtant la douleur

est aussi intense que le premier jour

quand va-t-elle s'estomper ?

À fleur de maux

tu viens me hanter

dans mes plus profondes pensées

jusque dans mes rêves

je t'implore une trêve

tes yeux

étaient

si clairs

pourtant

à la fois

si nocturnes

À fleur de maux

tu t'es noyé dans ton poison

tu nous as tués par la même occasion

j'ai réussi à m'échapper

avant que je ne sois contaminée

j'en garde des séquelles

mais je reste fidèle à moi-même

Eva Lorenzon

mes pleurs semblaient

résonner comme

une berceuse

puisque tu fermais

les yeux dessus

À fleur de maux

comment après tout ce que j'ai encaissé

je peux encore te pardonner ?

te trouver des excuses

à toutes tes ruses ?

tu me montres tellement de signes
contradictoires
que je ne sais même plus
ce qu'il faut croire

alors que tes actes me révoltent
je bois tes paroles qui me consolent
en attendant que la vérité exulte
et qu'apprendre la réalité m'insulte

À fleur de maux

j´observe la nuit étoilée

les étoiles scintillent d'un éclat sans pareil

mais ma préférée est absente

elle est devenue filante

est-ce absurde de faire vœu de son retour ?

mes larmes

sont aussi vastes et salées que la mer

je m'y suis déjà noyée

lorsque j'ai décidé de rester

malgré l'inondation qui s'y préparait

À fleur de maux

son regard vide

aussi large qu'un abîme

je pourrais m'y noyer

les souvenirs refont surface

mais ils sont tellement lourds à porter

ils m'inondent et me noient

j'essaie pourtant de garder la tête hors de l'eau

mais les vagues sont trop puissantes

et ont emporté ma bouée

alors je coule

je touche le fond

et il m'est impossible de remonter

pourtant je lutte

je m'efforce de tenir le coup

mais je n'arrive plus à respirer

je me fais aspirer

ce que je retiens

c'est que tout ce que nous avions partagé

notre histoire

nos projets

notre alchimie

n'aurait jamais pu égaler

ton plaisir à regarder

les belles de nuit

je sais que je ne suis pas celle qui est
condamnée
tu t'es toi-même tué
lorsque tu m'as repoussée
lorsque tu as refusé de te battre
pour quelque chose de bien plus fort
que l'amour
une personne qui était prête
à pardonner l'impardonnable
gâcher une telle connexion
a été minable

À fleur de maux

pourquoi continues-tu d'espérer son retour

ne vois-tu pas que ça ne lui fait rien ?

après toute la peine que tu as endurée

il agit comme si rien ne s'était passé

désormais c'est à ton tour d'avancer

tu penses que jamais je ne t'oublierai

tu as raison

comment pourrais-je oublier une telle trahison

lorsqu'il s'agit de la personne que je chérissais

qui m'a abandonnée ?

À fleur de maux

il y avait une partie sombre en toi

et tu en étais conscient

mais tu n'as jamais pris la décision

de l'illuminer

tu l'as laissée s'assombrir

jusqu'à ce que la situation devienne

irréversible

tu as signé la fin

la fin de toi

tu t'es laissé envahir par ce fragment obscur

tu aurais pu tout changer

te changer

modifier notre destin

à la place tu as fait des dégâts

tout autour de toi

maintenant c'est à moi de réparer

les marques que tu m'as laissées

cette ville

elle porte tout de toi désormais

elle a la couleur de ton âme

la vivacité que tu exprimais en ma compagnie

cette ville je la regarde avec la même

fascination que je te regardais

maintenant elle me hante

elle est mon plus beau rêve

et mon pire cauchemar

elle est mon bonheur et mon malheur

elle est ce banc où l'on s'est embrassé

l'endroit où je t'ai rendu les clés

elle est aussi le bar où l'on s'est rencontré

mais maintenant elle a le goût

de mes idées noires

À fleur de maux

elle est cette place où l'on s'est vu

pour la première fois

mais aussi celle où l'on s'est quitté

pour la dernière fois

cette ville a été le témoin de notre amour

de nos premiers sourires

de nos derniers adieux

Eva Lorenzon

depuis que tu es parti
il ne me reste plus que les souvenirs
mais peu à peu ils se brouillent
comme de l'encre délavée par le temps
l'amnésie s'installe doucement
effaçant ce que je croyais éternel

À fleur de maux

je ne veux pas d'une histoire d'amour
car une histoire a toujours une fin
les pages se tournent
les chapitres s'enchaînent
et le livre se referme
on change alors de livre
remplaçant le premier
comme s'il n'avait jamais existé

je veux un amour qui ne s'efface pas
avec le temps
un amour qui reste ancré
gravé dans l'âme
l'amour dont je parle
n'est pas une simple histoire
mais un état d'âme

Eva Lorenzon

je veux rencontrer des yeux qui m'en diront

plus qu'une bouche

un regard qui sans un son me parle

et cela malgré les silences lourds de sens

À fleur de maux

tout était devenu flou entre nous

ce qui est assez ironique

car cela s'est produit au moment même

où je commençais à y voir clair

oui c'est vrai que tu connais tout de moi

tu me connaissais sur le bout des doigts

tu savais quel était mon film préféré

pourtant je n'ai pas le souvenir

que nous l'ayons regardé

les fleurs que j'adorais

que tu ne m'as jamais apportées

finalement je n'ai rien à regretter

À fleur de maux

dis-moi quand tout cela a-t-il commencé

quand notre amour s'est-il fané ?

tu m'offrais des cadeaux

pour t'excuser d'être l'auteur de tous mes maux

comme si l'amour avait un prix

comme s'il était déjà acquis

j'attendais désespérément un changement

mais tu n'as fait que jouer avec mes sentiments

tu pensais pouvoir m'acheter

quand tout ce que je voulais

c'était que tu te rachètes

À fleur de maux

aujourd'hui je me suis levée de bonne heure
et j'étais loin de mon idée du bonheur
les draps étaient encore imprégnés
de ton odeur
mais cette fragrance me rappelle la douleur

au lit je suis restée pendant des heures
je n'étais pas vraiment d'humeur
j'avais surtout la tête ailleurs
mais c'est toi qui était réellement ailleurs

j'attendais un message ou un appel
ou peut-être des excuses
je me sentais plutôt confuse
car je n'ai pas eu de tes nouvelles
à part celles de la dure réalité qui me rappelle

je regardais les bagues

c'est là que tu m'as planté la dague

en plein cœur

j'ai compris que t'avoir aimé

était une erreur

À fleur de maux

j'étais la bonne personne pour toi

me disais-tu

mais toi

étais-tu la personne idéale pour moi ?

je dois résister

et ne pas y retourner

je ne dois pas passer à côté

du mal qui m'a été fait

cela serait

me manquer de respect

À fleur de maux

il m'a tourné le dos

sans même se retourner

sans remords ni regrets

même s'il revenait

jamais je ne pourrai oublier

la façon dont il m'a abandonnée

comme un vieux jouet

dont on s'est lassé

Eva Lorenzon

la présence de ton absence continue de
m'habiter
      finalement tu ne m'as jamais vraiment
           quittée

À fleur de maux

ils se sont aimés

jusqu'à se détester

une chose est sûre

ils n'oublieront jamais

ce qu'il s'est passé

cette leçon les a marqués

à jamais

Eva Lorenzon

mes larmes s'écoulent

au même rythme

que le sablier

qui annonce

notre

désamour

À fleur de maux

c'était inattendu

mais je t'ai revu

alors que je pensais ne plus te croiser

tu es apparu

pourtant je prenais le chemin opposé

de l'endroit où l'on vivait

dans l'espoir de ne définitivement

plus te revoir

mais ce soir-là

tu étais bien là

tu m'as parlée comme si de rien n'était

comme si nous n'avions jamais existé

notre relation était devenue poussière

tu m'as bien fait comprendre

que tu ne reviendrai pas en arrière

je m'attendais à tout sauf à de l'ignorance
j'ai perdu immédiatement toute assurance
j'ai essayé de dissimuler mon ressentiment
qui venait créer de la confusion
dans mes sentiments

j'ai compris
je dois m'éloigner sans tarder
pour me soigner
mon ressenti en a témoigné
c'est fini

jardin maux-dits

notre amour était un jardin

luxuriant qu'on a laissé faner

il n'en reste plus qu'un terrain en friche

parsemé de souvenirs abandonnés

et des flashbacks qui se figent

c'est devenu un véritable cimetière

je viens m'y recueillir parfois

car je garde toujours cette foi

que ce bonheur n'était pas qu'éphémère

À fleur de maux

engloutie par les nuits
aussi blanches que noires
tous les soirs ma tête
est remplie de déboires
moi je cherche le sommeil
c'en est devenu presque un rituel
je cherche à combler ce vide émotionnel
dans des alternatives fictionnelles

comme une illusion qui m'envahit
on pourrait appeler cela "déni"
mais je préfère un mot plus doux
qui n'a pas l'impact d'un coup
un mot un peu passe-partout

un mot qui masquerait le fait
que ma fleur préférée a fané

elle dessinait sur la buée des vitres
c'était sa manière d'y croire
de garder un peu d'espoir
de pallier son déséquilibre

plus rien ne la retenait
alors elle traçait un chemin
malgré le flou qui l'entourait
sur le verre embué elle dessinait
comme pour mieux s'orienter

mais la rupture les avait séparés
et le vide qu'il a laissé
l'a rendue désemparée
elle tentait de le combler
mais sans aucun succès

À fleur de maux

alors elle s'est laissée aller

sans réellement se soucier

de ce qu'il pouvait lui arriver

sans plus savoir

si elle voulait encore exister

Eva Lorenzon

j'étais une rose avec ses épines

mais j'avais mes pétales à t'offrir

quant à toi

tu étais vénéneux

et la seule chose que tu me proposais

était ton venin

À fleur de maux

je t'aurais conduit au jardin d'Eden

mais je savais déjà

que par ta propre volonté

tu aurais goûté au fruit défendu

Eva Lorenzon

à mes yeux tu n'étais qu'une fleur du mal dont

j'essayais d'extirper le bien

celui que personne ne pouvait percevoir

pas même toi

À fleur de maux

pourquoi ai-je les pétales si flétris lorsque tu es près de moi ?

cet amour éthéré que j'ai enterré

fait de moi une âme torturée

cette tombe d'un amour avorté

enfouie sous des décombres m'encombre

elle agit dans ma tête comme une hécatombe

À fleur de maux

tes ronces

m'ont gardée captive

je ne pouvais pas partir

j'ai dû me rendre à la racine

pour couper ce lien qui nous unissait

afin de me sauver

revenir comme une fleur

est une idée qui t'effleure

oubliant que tu n'as provoqué que des pleurs

sache que tu as cessé de survoler mes pensées

j'ai enfin réalisé que je ne suis pas faite

pour m'épanouir dans ton ombre

tu dois te faire à l'idée que tu n'es plus

qu'un bouquet de souvenirs sombres

dans notre jardin secret

 là où l'amour s'est fané

À fleur de maux

j'en déduis

que les pissenlits

n'exaucent

finalement pas

les vœux

les pots cassés étaient bien trop abîmés

pour tenter de les réparer

il en restait des morceaux éparpillés

impossibles à rassembler

il ne restait plus qu'à abandonner

et les remplacer

À fleur de maux

comment peux-tu dire avoir été un pansement

alors qu'il y avait toujours du sang

qui se dissimulait sous mes plaies

que tu ne cessais de raviver

j'avais besoin de points de sutures

pour réparer mes blessures

alors que tu n'as été qu'une infection

qui est venue retarder ma guérison

Eva Lorenzon

il n'y a pas que des fleurs

dans mon jardin

j'y ai aussi planté

tous mes

maux

À fleur de maux

on m'a dit
« c'est normal tu es à fleur de peau »

et j'ai répondu
« non je suis à fleur de maux »

j'étais différente
avant d'être victime de la souffrance
ce sont les blessures
les fractures
les mots trop durs

qui m'ont rendue
À fleur de maux

je ressens encore ses mains
qui se frayent un chemin
sur mon corps
laissé pour mort

je les ressens comme des taches
celles qui sont du genre tenaces
qui malgré les efforts pour les éliminer
décident de rester malgré les non prononcés

elles ne sont peut-être pas visibles
mais pour moi elles sont indélébiles

je voudrais crier au monde ce qu'on m'a fait
me toucher contre ma volonté
me voler ce qui m'appartenait

À fleur de maux

quelque chose de sacré

qu'on est venu souiller

sans une once de culpabilité

mon regard

apeuré

dévasté

mon corps

paralysé

impossible de bouger

j'étais effrayée

tétanisée

À fleur de maux

je suis la seule à les percevoir
ces marques sur mon corps
ces empreintes à l'origine de ma crainte
celles qui me font me sentir moindre
comme si j'avais été ternie
comme une fleur défraîchie
une fleur cueillie précocement
et cela sans son consentement

comment pourrait-elle s'épanouir
alors qu'on l'a laissée dépérir ?

comme un serpent

je voudrais muer

me délester de cette peau de trop

celle qui me rappelle mon bourreau

je voudrais pouvoir m'en débarrasser

pour tout recommencer

si seulement c'était si facile

si seulement c'était possible

malheureusement ça ne l'est pas

alors je frotte encore

encore une fois

plusieurs fois

aux mêmes endroits

espérant effacer

ce qui est gravé

À fleur de maux

les nuances d'amour

sont si nombreuses avec toi

elles changent de couleur au gré de tes émois

le rouge comme ta colère

le bleu comme ma détresse

mon corps toile vivante

peinturé de ses coups

j'étais l'œuvre de son dégoût

alors que je pensais être sa pièce maîtresse

je n'étais que le reflet de son ivresse

dans cette galerie dépourvue de tendresse

la fièvre du malade imaginaire l'a encore frappé

suis-je donc la victime imaginaire ?

qu'en est-il de la réalité ?

qui de nous deux à tort ?

un malade qui rejette le remède

comme si son état inventif le confortait

ne voulant pas dévoiler

la véritable personne qui s'y cachait

ton désir coupable pour les jeunes pousses

m'a conduite dans ce monde

où l'innocence s'est éteinte

À fleur de maux

c'est comme si tout

ce que tu m'as fait traverser

n'avait jamais existé

tu prétends que rien n'était réel

que cela provient de mon imaginaire

comme si tout cela n'était qu'un mauvais rêve

alors qu'il s'agit plutôt d'une réalité

que tu veux faire taire

des douches qui durent des heures

sur la vitre de la vapeur

et je redeviens spectateur

de cette horreur

je me sens noyée

submergée

par toutes mes pensées

elles me rejouent cette scène

ces gestes obscènes

ma voix muette

se fondait dans sa silhouette

pourquoi n'ai-je pas pu réagir ?

j'aurais voulu m'enfuir

et je la revois

si sensible

si fragile

si vulnérable

elle était si moi

ton attirance pour les fleurs

celles qui n'ont pas encore éclos

alors que toi tu te décomposes

ça me donne la névrose

j'ai moi aussi été victime

de tes nombreuses combines

les fleurs de ton âge

ne t'adressent même pas un regard

tu as pris mon éclat

mais rien que le mien ne te suffisait pas

tu as pris tout ce que j'étais

tout ce qui me désignait

et tu me reprochais

de ne pas te pardonner

tes infidélités

À fleur de maux

il en avait cueilli la tige alors qu'elle n'avait pas encore atteint sa pleine croissance

Eva Lorenzon

quand j'étais petite je craignais les ombres

les monstres qui se cachent sous le lit

et dire qu'en grandissant

j'en côtoyais un

un être aux allures d'ange

doux et souriant

mais celui qui

derrière cette apparence

s'est révélé être effréné

À fleur de maux

ma naïveté a été exploitée

pourtant tu disais que j'étais mature

tu avouais aimer que je sois pure

je me sens abusée

à travers mes yeux d'adulte

tes secrets occultes

j'étais si jeune

et en un clin d'œil

je suis tombée dans ton piège

j'aurais voulu qu'on me protège

Eva Lorenzon

comme un coquelicot

j'ai fané dès qu'il m'a touchée

et comme un tournesol

je ne savais plus vers qui me tourner

alors comme un lys

je me suis refermée

À fleur de maux

dépression
c'est normal
quand on est toujours sous tension
j'avais besoin de décompresser
pour apaiser cette lourde pression

je ne vois plus les jours passer
j'ai même oublié quel jour on est
je me souviens à peine de l'année
mon présent est désormais mon passé
il continue de me ronger
il a beau s'appeler passé
la douleur elle
ne l'est pas
passée

Eva Lorenzon

ces médicaments qui
tels des calmants
stoppent mon flux de pensées
ils cessent de me faire fonctionner
je deviens comme un robot
qui ne parvient plus à trouver ses mots
réfléchir est devenu trop difficile
ma vie volatile
ils m'ont fait renoncer
à ma sensibilité et à ma dextérité
pour me préserver de ces idées
qui viennent me hanter

À fleur de maux

j'ai avoué ressentir de la honte
tous m'ont demandée pourquoi
j'ai répondu « j'y pense encore parfois »

mais en réalité
j'y pense souvent
non
j'y pense tout le temps
au moment de me réveiller
au moment de me coucher

et comme une histoire qu'on doit étouffer
il faut que la douleur soit minimisée
il ne faut pas trop effrayer
cela pourrait tout bouleverser

derrière ce sourire forcé
je me cache

peur de paraître lâche
je préfère tout dissimuler
peur d'avouer ce que je traverse
de laisser couler une averse
alors je fais semblant
dans ce déguisement
dans lequel j'étouffe
je n'arrive plus à respirer
mais je ne veux pas susciter de la pitié
alors je me débrouille

en attendant la solitude
qui effacera ces mauvaises habitudes
de tout enfouir

À fleur de maux

en pensant que je pourrais me rétablir

en laissant ma peine derrière une éclipse

comme si elle allait rester fixe

je ne sais pas lesquelles de mes larmes
sont celles qui m'ont fait le plus de mal
entre celles que je retenais
et celles qui me désemparaient
je pencherais pour celles qui m'ont fait réaliser
que notre histoire s'achevait
dans des circonstances
des plus déconcertantes
une fin impromptue
qui nous a fait perdre de vue
nos engagements
qui sont devenus insignifiants

À fleur de maux

je ressens tout et à la fois

je ne ressens rien

je me sens si vide

j'ai perdu le goût de vivre

la saveur du bonheur

puis le poids du tout vient contrebalancer

je ressens tellement de tempêtes

d'effondrements

j'ai tellement de traumatismes

que les gens minimisent

ils me répètent : *« ça va aller »*

seulement j'entends cela depuis des années

je voudrais simplement qu'on me comprenne

qu'on éclaire ma lanterne

celle qui m'indiquerait le chemin à suivre

celui qui

enfin

 me permettrait de revivre

À fleur de maux

il est plus facile de se rappeler que d'oublier
un lieu une couleur un mot
tout me ramène encore à toi

mais parfois
il est plus simple d'oublier que de se souvenir
les souvenirs deviennent trop lourds à porter
ils m'empêchent d'avancer comme un boulet
qu'on est venu m'attacher au pied

et moi
prisonnière de ma mémoire
je cherche une issue
un couloir
une échappatoire à cette prison mentale
où ta présence est devenue spectrale

Eva Lorenzon

j'aimerais retourner en enfance

me remémorer le temps de l'insouciance

où les seules complications

étaient les tables de multiplications

où l'on trouvait

qu'avoir vingt ans était « vieux »

retrouver cette époque où tout était mieux

où il n'y avait pas besoin d'être deux

pour se sentir heureux

À fleur de maux

je suis une enveloppe de douceur

à l'intérieur

une lettre

portant en elle toute ma douleur

celle que j'aimerais voir disparaître

j'ai tellement de doutes que je redoute

sur ma route

ils s'entassent et s'ajoutent

j'aimerais les contourner

les voir s'éloigner

afin de ne plus avancer la tête baissée

pourquoi ai-je si peu confiance ?

toujours une part de méfiance

qui vient se loger dans mes pensées

ces incertitudes qui viennent me tourmenter

ne font que me ronger

au fil des années

À fleur de maux

j'ai cette peur de décevoir

de ne plus pouvoir me regarder dans le miroir

cette peur des reproches

d'être une rature aux yeux de mes proches

peur de ne pas être assez

finir par être remplacée

remplir un vide que je ne saurais combler

je voudrais simplement être réconfortée

qu'on marche à mes cotés

sans me reprocher

de parfois trébucher

y a-t-il réellement quelqu'un qui me connaît ?
une personne à qui je n'aurais pas
dissimulé ma sensibilité
peut-être une âme qui perçoit
mes blessures invisibles
qui ne porterait pas de jugement
sur mon déséquilibre
je voudrais arrêter de me cacher
je veux désormais me dévoiler
montrer à quel point je peux briller
malgré mon anxiété qui continue de me hanter

floraison de l'âme

pardonne-moi

petite je savais que tu te sentais incomprise

je savais que ça allait être difficile

et effectivement

ça l'a été

tu es passée par des épreuves

auxquelles tu n'avais pas à faire face

malgré tout

tu es encore debout

je t'ai déçue et je t'ai fait souffrir

mais désormais je ne te contrarierai plus

- note à moi-même

À fleur de maux

elle l'a aimé

cette situation est difficile à supporter

elle fait tout pour ne pas y penser

mais elle ne parvient pas à l'oublier

il envahit toujours ses pensées

alors qu'elle essaie d'avancer

ça va être compliqué

mais elle sait qu'elle va y arriver

Eva Lorenzon

nous nous sommes séparés

mais demain
la Terre continuera de tourner
le soleil de se lever
les arbres de bourgeonner

et moi
je ne cesserai d'aimer

À fleur de maux

j'ai quitté mes études
pour retrouver ma plénitude
j'ai tiré un trait sur le passé
et j'ai avancé
j'ai déménagé
quitté la ville pour la campagne
j'ai eu l'impression de gravir une montagne
sur laquelle je ne cessais de m'élever

c'était un retour à zéro
loin de tous mes fardeaux
et de mon quotidien
qui ne me correspondait plus très bien

c'était comme une évidence
mais je suppose que cela n'a plus d'importance

au gré des circonstances
je peux dire adieu à l'espérance
je mets fin à cette romance
à laquelle j'ai laissé trop de chances
qui m'a laissée baigner dans la souffrance
d'une peine immense

maintenant je prends mes distances
m'accordant une nouvelle danse
aux côtés de ma résilience

À fleur de maux

prends-moi la main

je serai ton soutien

ne crains pas d'oser

qui n'a jamais échoué ?

crois en toi

et tout se réalisera

petit à petit je reprends goût à la vie

j'ai retrouvé l'appétit

je recommence à sortir

et mon sourire ne cherche plus à mentir

je vais continuer dans cette voie

m'éloigner de mon désarroi

je veux créer une nouvelle moi

qui sera pleine de joie

qui ne croulera pas

sous le poids de l'effroi

À fleur de maux

ma plus belle revanche sera le sourire

que tu n'as jamais su m'offrir

Eva Lorenzon

j'ai cru trop de fois que ma joie s'était

emportée avec toi

alors qu'elle était là

au fond de moi

À fleur de maux

la poésie c'est mon feu de vie

c'est elle qui m'anime

et me réanime

c'est elle qui me ravive

qui m'éclaire

elle est cette essence qui fait brûler en moi

cette envie de vivre

Eva Lorenzon

j'ai tout oublié de toi

même le son de ta voix

À fleur de maux

tu m'as détruite

humiliée

rabaissée

je ne me suis jamais autant sentie méprisée

heureusement je me suis relevée

j'ai fait de cette tristesse ma force

aujourd´hui

tu n'as plus aucune emprise sur moi

je vais mieux

je ressens tout plus intensément

je vis pour moi et non plus pour toi

les larmes qui ruisselaient

sur mon visage se sont égarées

et ont trouvé leur chemin

vers ce qu'on appelle

le bonheur

À fleur de maux

ma plus grande fierté est

    d'être parvenue à tout arrêter

j'avance vers la voie de la rémission

c'est long

c'est éprouvant

mais je dois persévérer

je sais que j'y parviendrai

à devenir

celle que j'ai toujours rêvé d'être

À fleur de maux

je vais m'enfuir

et ne plus jamais revenir

je ne deviendrai plus qu'un souvenir

que tu laisseras mourir

c'est trop tard

que mes yeux se sont ouverts

je me voilais la face

je ne voulais pas être confrontée

à tout ce que je subissais

À fleur de maux

je me serais manquée de respect si j'avais

décidé de rester

pour toi

j'aurais construit une machine

celle qui a le pouvoir de remonter le temps

je serais allée chercher tes morceaux brisés

ceux qui t'ont rendu si froid

je me serais aventurée

dans la noirceur de tes pensées

je t'aurais tout extirpé

car ma seule intention

était de t'aider

désormais

sa seule utilité

serait de remonter au jour

où l'on s'est rencontré

pour t'oublier

à tout jamais

dès lors que je prends l'avion

pour découvrir de nouveaux horizons

c'est là que je me dis que tout est éphémère

que cette situation délétère

n'est que passagère

j'avais juste besoin

de changer d'air

Eva Lorenzon

j'ai filé à la vitesse de la musique

je ne voyais plus que les bémols

et même une pause n'aurait pas suffi

désormais je me laisse porter par le silence

car j'ai compris que le temps de ton absence

était la clé de ma délivrance

À fleur de maux

tu disais que j'étais ton soleil

mais toi tu étais le nuage

qui venait poser son ombre sur moi

car il n'y a jamais eu autant de jours de pluie

depuis que tu es entré dans ma vie

m'éloigner du bruit du vestibule
cela jusqu'au crépuscule
je voudrais rester dans ma bulle
m'emmitoufler dans mon pull
regarder les heures s'étirer
au fil de la journée

plonger dans les pages des livres
dans un monde qui me délivre

c'est mon doux refuge
cet endroit qui me rassure
où je me sens à ma place
loin de tout ce que je ressasse

À fleur de maux

mes yeux n'ont jamais cessé de briller avec toi

mais plus pour la même raison

avant je te regardais avec admiration

maintenant avec répulsion

je ne me suis jamais autant sentie à ma place

que depuis que je suis loin de toi

À fleur de maux

j'ai écrit trop de fois à l'encre de mon corps
ignorant que j'allais ouvrir la boîte de Pandore
je voulais laisser couler les blessures amassées
pensant pouvoir les soulager

mais une voix au fond de moi
m'a murmuré tout bas : « *reste là* »
il y a encore tant à accomplir
mais pour ça il faut survivre

Eva Lorenzon

visage creux

regard absent

lèvres sèches

cheveux épars

cœur lourd

larmes silencieuses

pas un regard dans la glace

doucement mais sûrement

je m'efface

comme si j'avais renoncé à qui j'étais

que mon existence

ne révélait plus de la résistance

mais bien de l'insouciance

À fleur de maux

est-ce réellement moi ?

de renoncer si facilement à ma foi

où est cette guerrière

prête à franchir toutes les barrières

cette battante

vibrante et résonnante

elle est bien là

toujours en moi

mes moments de tristesse

ne révèlent pas de ma faiblesse

je suis une véritable forteresse

j'ai la sensation que l'on m'a arraché

une partie de ma vie

un morceau de mon enfance

du temps de mon existence

mais je me rappelle chaque jour

que les obstacles qui se sont glissés

sur mon parcours

n'étaient pas là sans raison

ils m'ont tous appris une leçon

puis je n'ai pas perdu d'années

j'en ai épargné

À fleur de maux

j'ai fait fleurir mes maux et j'en ai fait le plus beau des bouquets

merci à cette amie

qui face aux tempêtes de la vie

est restée m'épauler sans me juger

cette fille qui m'a tendu la main sans hésiter

et qui m'a relevée sans me lâcher

elle m'a aidée à m'en sortir sans jamais fléchir

À fleur de maux

le temps distille

et mes pensées s'exilent

les jours sont plus beaux

le soleil plus chaud

le froid est resté avec décembre

nos photos

elles sont devenues cendres

dans la mer je les ai répandues

le verglas qui était si glissant a fondu

ma plus grande peur

oui je l'ai vécue

enfin non

je l'ai vaincue

plus jamais je ne me laisserai cueillir

profiter de la beauté sans l'entretenir

et finir par la laisser mourir

désormais je me laisserai

me développer pour rayonner

car je sais qu'un jour

quelqu'un choisira de me traiter

avec respect

À fleur de maux

regarde-moi

comme je peux briller

sans les chaînes que tu m'avais forgées

ces chaînes que j'ai fini par briser

regarde-moi

comme je peux aller haut

lorsque je suis loin de mes fardeaux

je décolle et prends mon envol

loin de tout ce qui me désole

regarde-moi

déployer mes ailes

je touche déjà le ciel

bientôt j'atteindrai le soleil

sans toi

je m'élève

après un an à panser mes blessures

le soleil est entré dans ma vie

il est venu caresser mes pétales

m'enveloppant de ses rayons

depuis ce jour-là

je n'ai jamais vu une aussi jolie fleur

Remerciements

Tout d'abord je voudrais remercier la vie car malgré les hauts et les bas, elle a toujours fini par faire fleurir les plus belles fleurs de mon jardin intérieur.

Ensuite, je tiens à exprimer ma gratitude envers ma famille, cette racine qui m'a toujours soutenue et aidée à grandir.

Un immense merci à Alexandre, qui m'a permis de terminer ce livre. Il a été mon soleil au milieu de l'averse.

Merci à tous mes amis, ces fleurs essentielles à mon bouquet, qui m'ont encouragée dans ce projet.

Un grand merci à Louise. Sans elle, ce livre n'aurait jamais vu le jour. C'est elle qui a semé en moi l'amour des mots et de la poésie.

Merci également à mes amies poétesses. Éléonore et Mélanie, deux belles rencontres qui m'ont offert de précieux conseils.

Enfin, à vous, chers lecteurs, un dernier merci du fond du cœur. N'oubliez jamais que vous êtes, vous aussi, une jolie fleur, unique et résiliente.